Gloria a [Dios]
Serie sobre el matrimonio

Esta serie de estudios sobre el matrimonio tiene un completo Enfoque a la Familia -confiable, con un sólido fundamento bíblico y dedicado a restablecer los valores familiares en la sociedad actual. Sin duda esta serie ayudará a una multitud de parejas a fortalecer su relación, no solo del uno con el otro, sino también con Dios, el *creado*r mismo del matrimonio.

Bruce Wilkinson
Autor de *La oración de Jabes, Secretos de la viña, y Una vida recompensada por Dios*

En esta era de tanta necesidad, el equipo del Dr. Dobson ha producido materiales sólidos y prácticos respecto al matrimonio cristiano. Toda pareja casada o comprometida sacará provecho de este estudio de los fundamentos de la vida en común, aunque ya hayan realizado otros estudios sobre el tema. Gracias a *Enfoque a la Familia* por ayudarnos a establecer correctamente esta máxima prioridad.

Charles W. Colson
Presidente de *Prison Fellowship Ministries*

En mis 31 años como pastor he oficiado cientos de bodas. Infortunadamente, muchas de esas uniones fracasaron. Cuánto hubiera apreciado poder contar con esta *Serie sobre el matrimonio* de *Enfoque a la Familia* en aquellos años. ¡Qué maravillosa herramienta tenemos a nuestra disposición, como pastores y líderes cristianos! Los animo a utilizarla para ayudar a quienes están bajo su cuidado a edificar matrimonios prósperos y saludables.

H. B. London, Jr.
Vicepresidente, Ministerio de Extensión / Ministerios Pastorales
Enfoque a la Familia

¿Está buscando una receta para mejorar su matrimonio?
¡Disfrutará esta serie práctica y oportuna sobre el tema!

Dr. Kevin Leman

Autor de *El sexo y la comunicación en el matrimonio*

La *Serie sobre el matrimonio* de *Enfoque a la Familia* tiene éxito porque no centra su atención en cómo establecer o fortalecer un matrimonio, sino en *quién* puede hacerlo. A través de este estudio usted aprenderá que un matrimonio bendecido será la feliz consecuencia de una relación más íntima con el *creador* del matrimonio.

Lisa Whelchel

Autora de *Creative Correction* y
The Facts of Life and Other Lessons My Father Taught Me

En una época en la que el pacto del matrimonio se deja rápidamente de lado en nombre de la incompatibilidad y de las diferencias irreconciliables, se necesitaba con urgencia un estudio bíblico que fuera a la vez práctico e inspirador. La *Serie sobre el matrimonio* de *Enfoque a la Familia* es justamente lo que las parejas están buscando. Recomiendo decididamente esta serie de estudios bíblicos, que tiene el potencial para impactar profundamente los matrimonios hoy y mejorarlos. El matrimonio no consiste tanto en encontrar el compañero correcto como en ser el compañero correcto. Estos estudios contienen maravillosas enseñanzas bíblicas para ayudar a quienes desean aprenderlo, el hermoso arte de llegar a ser el cónyuge que Dios había previsto para su matrimonio.

Lysa TerKeurst

Presidente, Proverbs 31 Ministries
Autora de *Capture His Heart* y *Capture Her Heart*

Enfoque a la Familia® Serie sobre el matrimonio

La expectación
en el matrimonio

La expectación en el matrimonio
Serie sobre el matrimonio de Enfoque a la Familia®
Publicado por Casa Creación
Una compañía de Strang Communications
600 Rinehart Road
Lake Mary, Florida 32746
www.casacreacion.com

No se autoriza la reproducción de este libro ni de partes del mismo en
forma alguna, ni tampoco que sea archivado en un sistema o transmitido
de manera alguna ni por ningún medio –electrónico, mecánico,
fotocopia, grabación u otro– sin permiso previo escrito de la casa editora,
con excepción de lo previsto por las leyes de derechos de autor en
los Estados Unidos de América.

A menos que se indique lo contrario, todos los textos bíblicos
han sido tomados de la *Santa Biblia, Nueva Versión Internacional* (NVI),
© 1999 por la Sociedad Bíblica Internacional. Usado con permiso.

Copyright © 2004 por Enfoque a la Familia
Todos los derechos reservados
© Copyright 2003 by FOCUS ON THE FAMILY
Originally published in the USA by Regal Books,
A Division of Gospel Light Publications, Inc.
Ventura, CA 93006 U.S.A.
All rights reserved

Traducido por:
Carolina Laura Graciosi

Editado por:
María del C. Fabbrí Rojas

Diseño interior por:
Grupo Nivel Uno, Inc.

Library of Congress Control Number: 2004107883

ISBN: 1-59185-438-5

Impreso en los Estados Unidos de América

04 05 06 07 ❖ 8 7 6 5 4 3 2 1

Tabla de contenido

Prólogo por Gary T. Smalley 6

Introducción 8

**Sesión 1: Emprender juntos una aventura de fe–
  Génesis 1:28** 11
  Seguir el plan de Dios para su matrimonio es una aventura
  compartida

Sesión 2: Pasar el legado–2 Timoteo 1:5 21
  La mejor herencia que puede dejar a los demás es el modelo de un
  matrimonio centrado en Cristo.

**Sesión 3: Entender y celebrar las diferencias –
  1 Corintios 12:12** 35
  Sus diferencias individuales lo hacen a usted y a su cónyuge
  singularmente idóneos para el ministerio que Dios tiene previsto
  para su matrimonio.

Sesión 4: Vivir según el plan maestro–Juan 15:5 47
  Con Dios en el centro de su matrimonio, quedará sorprendido
  por el buen fruto que crecerá.

Guía de discusión para el líder 59

Prólogo

El campo misionero más urgente aquí en la tierra no se encuentra del otro lado del mar, ni siquiera al cruzar la calle; se encuentra exactamente donde usted vive: en su hogar y su familia. La última instrucción de Jesús fue: "Vayan y hagan discípulos de todas las naciones" (Mateo 28:19). Al considerar este mandato, nuestros ojos miran al otro extremo del mundo buscando nuestro campo de labor. Eso no está mal; pero no es *todo*. Dios se propuso que fuera el hogar el primer lugar de discipulado y crecimiento cristiano (vea Deuteronomio 6:4-8). Los miembros de nuestra familia deben ser los *primeros* a quienes alcancemos, mediante la palabra y el ejemplo, con el Evangelio del Señor Jesucristo, y el modo fundamental de lograrlo es por medio de la relación matrimonial.

El divorcio, las familias disfuncionales, el rompimiento de la comunicación y las complejidades de la vida diaria están teniendo consecuencias devastadoras en el matrimonio y la familia, instituciones ordenadas por Dios. No necesitamos ir muy lejos para darnos cuenta de que aun las familias y matrimonios cristianos se encuentran en situación crítica. Esta serie fue desarrollada en respuesta a la necesidad de edificar familias y matrimonios centrados en Cristo.

Enfoque a la Familia es un ministerio reconocido y respetado en todo el mundo por su incansable dedicación a preservar la santidad de la vida matrimonial y familiar. No puedo pensar en otra asociación mejor que la formada por Enfoque a la Familia y Casa Creación para la producción de la *Serie sobre el matrimonio* de *Enfoque a la Familia*. Esta serie está bien escrita, es bíblicamente sólida y adecuada a su objetivo de guiar a las parejas a explorar los fundamentos que Dios estableció para el matrimonio, a fin de que lo vean a Él como el modelo de un cónyuge perfecto. A lo largo de estos estudios se plantarán semillas que irán germinando en sus corazones y en sus mentes en los años por venir.

En nuestra cultura, tan práctica y realista, muchas veces queremos pasar por alto el *porqué* para ir directamente al *qué*. Pensamos que si *seguimos* los seis pasos o *aprendemos* las cinco maneras, alcanzaremos el objetivo. Pero el crecimiento con raíces profundas es más lento, con un propósito determinado, y se inicia con una comprensión bien fundada del designio divino. Saber por qué existe el matrimonio es crucial para lograr soluciones más efectivas. El matrimonio es un don de Dios, una relación de pacto única y distinta, por medio de la cual su gloria y su bondad se manifiestan; y sólo conociendo al arquitecto y su plan, podemos edificar nuestro matrimonio sobre el cimiento más seguro.

Dios creó el matrimonio; le asignó un propósito específico, y se ha comprometido a llenar con fresca vida y renovada fortaleza cada unión rendida a Él. Dios quiere unir los corazones de cada pareja, consolidarlos en amor, y conducirlos hasta la línea de llegada –todo por su gran misericordia y bondad.

Que Dios, en su gracia, los guíe a su verdad, fortaleciendo sus vidas y su matrimonio.

Gary T. Smalley
Fundador y Presidente del Directorio
Smalley Relationship Center

Introducción

Pero al principio de la creación Dios "los hizo hombre y mujer". Por eso dejará el hombre a su padre y a su madre, y se unirá a su esposa, y los dos llegarán a ser un solo cuerpo. Así que ya no son dos, sino uno solo.
Marcos 10:6-88

La expectación en el matrimonio puede utilizarse en diversas situaciones, tales como estudio bíblico en grupos pequeños, clases de Escuela Dominical, o sesiones de consejería o tutoría. Incluso una pareja individual puede utilizar este libro en su propio hogar, como un estudio para edificación de su matrimonio.

Cada una de las cuatro sesiones consta de cuatro componentes principales.

Estructura general de la sesión

Labrar la tierra
Es una introducción al tema central de discusión; consiste en un comentario seguido de preguntas, para enfocar los pensamientos en la idea principal de la sesión.

Plantar la semilla
En este momento del estudio bíblico leerán una porción de las Escrituras y contestarán preguntas que los ayudarán a descubrir verdades inmutables de la Palabra de Dios

Regar la esperanza
Es un tiempo para el debate y la oración. Sea que estén estudiando en casa como pareja, en un grupo pequeño o en una clase, hablar con su cónyuge acerca del tema de la lección es una forma maravillosa de afianzar esa verdad y plantarla profundamente en sus corazones.

Cosechar el fruto
Pasando a la acción, esta parte de la sesión ofrece sugerencias para poner en práctica la verdad de la Palabra en su relación matrimonial.

Sugerencias para el estudio en pareja

Hay por lo menos tres opciones para utilizar este estudio en pareja.

- Pueden usarlo como estudio devocional. Cada cónyuge estudia el material individualmente durante la semana; luego, en un día determinado, ambos se reúnen para debatir lo que han aprendido y la forma de aplicarlo a su relación.
- Pueden elegir estudiar una sesión juntos durante una tarde, y luego desarrollar las actividades de aplicación durante el resto de la semana.
- Por ser un estudio breve, también es un espléndido recurso para un retiro de fin de semana. Pueden hacer un viaje de fin de semana y estudiar juntos cada sesión, intercalándola con sus actividades de esparcimiento favoritas.

Sugerencias para el estudio en grupo

Existen varias maneras de utilizar este estudio en grupos. La forma más común es hacerlo en grupos pequeños de estructura similar a un grupo de estudio bíblico. No obstante, puede utilizarse además en clases de Escuela Dominical para adultos. Cualquiera sea la modalidad elegida, hay algunas pautas generales que deben seguirse para el estudio en grupo.

- Mantengan el grupo pequeño (entre cinco y seis parejas como máximo).
- Pidan a las parejas que se comprometan a asistir regularmente durante las cuatro semanas de estudio. Esta regularidad en la asistencia es clave para la construcción de relaciones y el desarrollo de la confianza dentro de un grupo.
- Anime a los participantes a *no* compartir detalles de índole personal o que puedan avergonzar a su cónyuge, sin haberle pedido previamente su autorización.
- Todo lo que se trate en las reuniones grupales tiene carácter confidencial, y debe ser mantenido en la más absoluta reserva, sin trascender más allá de los miembros del grupo.

Hay ayudas adicionales para líderes en la parte final de este libro y en la *Guía para el ministerio de matrimonios de Enfoque a la Familia.*

Sugerencias para mentores

Este estudio también puede ser usado en situaciones donde una pareja se convierte en mentora o consejera de otra.

- Una iglesia o ministerio puede establecer un sistema por medio del cual a una pareja que lleva varios años de casada se le encomienda reunirse de modo regular con una pareja joven.
- Una manera menos formal de iniciar una relación de tutoría consiste en que una pareja joven tome la iniciativa y se acerque a un matrimonio que sea ejemplo de madurez y santidad, y solicite reunirse regularmente con ellos. O a la inversa, puede ser que una pareja madura se aproxime a una pareja más joven con el fin de iniciar una relación como mentores de ella.
- Algunos pueden sentir temor cuando se les pide que sean mentores de otros, creyendo que jamás podrán hacerlo porque su propio matrimonio está lejos de ser perfecto. Pero así como discipulamos a los nuevos creyentes, debemos aprender a discipular a las parejas casadas, para fortalecer sus matrimonios en este mundo tan difícil. El Señor ha prometido "estaré con ustedes siempre" (Mateo 28:20).
- Antes de comenzar a ser mentores de otros, completen ustedes mismos el estudio. Esto les servirá para fortalecer su propio matrimonio, y los preparará para poder guiar a otra pareja.
- Estén dispuestos a aprender tanto o más que la(s) pareja(s) de quien(es) serán mentores.

Hay ayudas adicionales sobre cómo ser mentores de otra pareja en la *Guía para el ministerio de matrimonios de Enfoque a la Familia*.

> *La* Serie sobre el matrimonio de Enfoque a la Familia *está basada en* The Marriage Masterpiece *de Al Jansen (Wheaton IL: Tyndale House Publishers, 2001), una mirada esclarecedora a lo que el matrimonio puede –y debería– ser. En este estudio, ¡es un placer guiarlos en la maravillosa aventura de encontrar el gozo que Dios quiere que experimenten en su matrimonio!*

Sesión uno

Una aventura de fe compartida

> *Y los bendijo Dios con estas palabras: "Sean fructíferos y multiplíquense; llenen la tierra y sométanla; dominen a los peces del mar y a las aves del cielo, y a todos los reptiles que se arrastran en el suelo."*
> Génesis 1:28

En su matrimonio, su cónyuge y usted ¿actúan más como James Bond, el Agente 007 de las películas, o como los tontos personajes de las clásicas películas *Road To...* (Camino...), protagonizadas por Bing Crosby y Bob Hope?

James Bond es la versión de Hollywood del típico individualista rudo que se mueve generalmente solo. Al final de la película, no hay duda de quién es el responsable de haber salvado al mundo.

Los personajes de Bing Crosby y Bob Hope tenían que cumplir una misión juntos (¡como dos estafadores!). Aunque tenían sus desacuerdos, no había ninguna duda de que sólo trabajando juntos podrían llevar a cabo lo que se habían propuesto.

Dios diseñó el matrimonio para que experimentemos una aventura sorprendente y gozosa, compartiendo un propósito y una misión comunes. Al mismo tiempo que brinda apoyo a los sueños y deseos de su cónyuge, es importante que también compartan el propósito que Dios les dio como matrimonio.

Labrar la tierra

Exploremos las diferencias entre la ocupación y la vocación.

La ocupación de una persona es lo que él o ella hace para proveer para su familia. Ya sea que trabaje fuera o dentro de la casa, lo que usted hace para proveer para usted y los de su familia es su ocupación. La vocación de una persona es el propósito divino o la tarea dada por Dios en la cual él o ella encuentra gozo y satisfacción. Por ejemplo, la ocupación del apóstol Pablo consistía en fabricar carpas, su vocación era ser misionero, principalmente a los no judíos.

Nuestra cultura a menudo da mucho valor a la ocupación de una persona, centrándose en el dinero, la fama y el poder como medidas del éxito. Dios, por el otro lado, valora la vocación de una persona. Si su ocupación y su vocación coinciden en el mismo trabajo, usted es muy dichoso. Sin embargo, mucha gente tiene una ocupación que le provee los medios para alcanzar su vocación.

1. ¿Cómo se siente respecto de su ocupación?

   ¿Cómo se siente su cónyuge respecto de su propia ocupación?

2. ¿Cuál es su vocación? ¿Qué es aquello que trae gozo a su vida y contribuye a la obra de Dios en el mundo?

3. Si no ha logrado identificar una vocación, ¿cuál le gustaría o imagina que pueda ser su vocación?

4. En una escala de 1 a 10, ¿comparten usted y su cónyuge los sueños y la esperanza de servir juntos a Cristo?

1	2	3	4	5	6	7	8	9	10
Nunca		Ocasionalmente			Frecuentemente			Siempre	

Aunque la mayoría de nosotros no comparte una ocupación común con su cónyuge, fuimos llamados a compartir una vocación, un propósito que Dios quiere que cumplamos: esto es parte del proceso de llegar a ser uno en el matrimonio. Cuando dedicamos tiempo a descubrir lo que Dios tiene preparado para nuestra vida, veremos que nuestro matrimonio y nuestra relación con Dios crecerán y madurarán como el árbol bien regado que se describe en el Salmo 1.

Plantar la semilla

Al leer sobre la creación de los seres humanos en Génesis 1 y 2, esté atento a lo que estos pasajes le dicen acerca de Dios, de la gente, y de la bendición o plan que Dios tiene para una pareja casada que comparte una vocación común.

Conocer a Dios

Al leer Génesis 1:26-31, observe que Dios se describe a sí mismo usando el pronombre "nosotros".

5. ¿Por qué el escritor de Génesis, quien creía que Dios es uno, habrá escrito que Dios usó una palabra que indica que Él es más de una persona?

6. De acuerdo con Génesis 1:2, ¿quién iba y venía?

7. De acuerdo con Juan 1:1, ¿quién es el Verbo?

8. Basándose en Génesis 1:1-5 y Juan 1:1-5, ¿quién es el "nosotros" de la creación en Génesis 1:26-31?

Aunque tal vez no comprendamos los profundos misterios de la Trinidad, hay algunas cosas que podemos entender. Primero, Dios es uno. Segundo, Dios ha sido revelado en tres diferentes formas: Padre, Hijo y Espíritu Santo. Tercero, estos tres aspectos de Dios son necesarios. En la naturaleza misma de Dios, un ser existe en relación: tres son uno.

9. ¿Cómo puede relacionarse este vínculo de tres vías en la Trinidad con el propósito compartido en una relación matrimonial?

Conocer a la gente

Dios creó a los seres humanos a su misma imagen. Así como Dios existe en relación, nosotros fuimos hechos para existir en relación unos con otros y con Él.

10. ¿Qué diferencia debería marcar en nuestra vida que la imagen de Dios incorpore características tanto masculinas como femeninas?

11. ¿Qué nos dice Génesis 2:24 acerca de la relación entre un esposo y su esposa?

¿De qué maneras ha experimentado en su relación el ser uno con su cónyuge?

¿En qué áreas necesita esforzarse más para alcanzar esa unidad?

Conocer la bendición de Dios

12. ¿Cómo bendice Dios a la pareja en Génesis 1:28-31?

¿De qué manera sugiere esa bendición una vocación compartida?

13. ¿Cuándo ha experimentado el gozo de hacer junto con su cónyuge algo que ambos sienten que Dios los ha llamado a hacer?

14. De acuerdo con Génesis 3:16-19, ¿qué sucedió con esa vocación compartida cuando el pecado entró en escena?

15. ¿Es posible operar en ámbitos ministeriales diferentes y aun así compartir la misma vocación con su cónyuge? Explique.

16. Describa una oportunidad en la que creyó estar obedeciendo el plan de Dios sólo para descubrir que estaba persiguiendo sus propios deseos, y sintiéndose distanciado de su cónyuge. ¿Por qué cree que ocurrió eso?

Un modelo bíblico

En Hechos 18, se nos presenta un matrimonio que conocía el gozo de compartir una misión común: Priscila y Aquila.

17. ¿Qué le dice cada uno de los siguientes versículos acerca de esta asombrosa pareja cristiana?

    Hechos 18:1-3

Hechos 18:18-21

Hechos 18:24-28

Romanos 16:3

1 Corintios 16:9

2 Timoteo 4:19

18. ¿Qué conocemos acerca de estas dos individualidades en cuanto a sus diferencias y similitudes?

¿Cuál era su vocación común?

19. ¿Qué nos dice este breve estudio sobre Priscila y Aquila acerca del propósito de un matrimonio centrado en Cristo?

20. ¿Conoce alguna pareja como Priscila y Aquila? Describa cómo le demuestran a usted lo que significa tener una vocación común.

Priscila y Aquila nos brindan el maravilloso cuadro de una pareja que compartía una misma vocación. Aunque las Escrituras no nos dicen todo acerca de esta pareja (ciertamente tendrían sus desacuerdos), lo que sí sabemos es que ellos representan el modelo de lo que debería ser un matrimonio cristiano.

 Regar la esperanza

Cuando caminamos lado a lado con nuestro cónyuge, compartiendo una vocación y siendo fieles a Dios juntos, realmente estamos llegando a ser uno en el matrimonio.

Tener una vocación compartida va en contra de las tendencias actuales de la cultura, puesto que la mayoría de nosotros hemos sido educados para ser independientes. Aunque la independencia es importante en algunas áreas, como pareja casada no fuimos llamados a ser dependientes ni independientes, sino *interdependientes,* lo que significa que cada uno desempeña un rol decisivo en la vida del otro y en una vocación compartida.

21. Haga una lista de las formas en que una pareja casada puede iniciar el proceso de compartir una misma vocación.

22. ¿Cuáles son sus temores u obstáculos respecto a compartir una misma vocación con su cónyuge?

¿De que modo podría vencer esos temores u obstáculos?

23. Pensando en una pareja como la de Priscila y Aquila, ¿qué motivos de gozo observa usted al verlos compartir un propósito común guiado por Dios?

Cosechar el fruto

Tener una vocación común significa obedecer activamente la voluntad de Dios, de que lo sirvamos en este mundo como un equipo. Considere las diferentes maneras en las que ustedes desean seguir el llamado de Dios, tanto en forma individual como conjunta.

24. ¿Cuáles son sus dotes y talentos naturales, o capacidades?

   ¿Cuáles son las dotes y talentos naturales, o capacidades, de su cónyuge?

25. ¿Qué recursos externos (por ej., finanzas, posición, conexiones, etc.) les ha dado Dios a usted y a su cónyuge que podrían usar para servir a otros?

26. ¿Cómo le gustaría seguir el llamado de Dios?

27. ¿Cómo pueden usted y su cónyuge seguir juntos el plan de Dios?

Fije una fecha para orar con su cónyuge al menos dos veces por semana para que Dios continúe moldeando esa vocación compartida. Piense que aunque usted y su cónyuge no estén hoy "en la misma página", la oración y el estudio de la Biblia harán que Dios moldee y modele sus corazones conforme al designio que Él tiene para su matrimonio.

Planeamos orar juntos el _____ a las _____.

Planeamos hablar sobre nuestra vocación común el

_____ a las _____.

Sesión dos

Pasar el legado

Traigo a la memoria tu fe sincera, la cual animó primero a tu abuela Loida y a tu madre Eunice; y ahora te anima a ti.
2 Timoteo 1:5

Ya sea que sus padres hayan estado (o estén) felizmente casados o se hayan divorciado, mucho de lo que usted entiende respecto al matrimonio lo aprendió naturalmente al observar su relación. Pero aunque ese aprendizaje haya comenzado con sus padres, no termina allí. Usted ha observado a otros y ha aprendido acerca del matrimonio durante toda su vida y, sin duda, habrá visto parejas que se quieren y otras que pasan la mayoría del tiempo atacándose el uno al otro.

El lado más temible -y el más maravilloso-, de la aventura del matrimonio es que hay otros que lo están observando. Ya sea un recién casado o haya celebrado hace poco su cincuentavo aniversario, usted, por medio de sus palabras y acciones, está dejando a quienes lo rodean un legado acerca del matrimonio.

¿Qué clase de herencia quiere dejar a la próxima generación? El mejor patrimonio que puede dar a sus hijos y a otros es el modelo de un matrimonio vivido con Cristo.

Labrar la tierra

Consideremos el impacto de los modelos de matrimonio en su propia relación.

1. ¿Qué aspectos positivos del matrimonio le mostraron sus padres, y cuáles querría continuar en su propio matrimonio?

   ¿Qué aspectos, si es que existe alguno, desearía usted *no* continuar en su matrimonio?

2. ¿Cómo puede ver una conducta propia de Cristo ejemplificada en el matrimonio de otras personas?

3. De los diferentes matrimonios que ha visto a lo largo de los años –aparte del de sus padres-, ¿cuál fue el que más lo impactó (sea positiva o negativamente)?

En su carta a los Romanos, Pablo escribió: "Ahora bien, sabemos que Dios dispone todas las cosas para el bien de quienes lo aman, los que han sido llamados de acuerdo con su propósito" (Romanos 8:28). Dios puede tomar todo aquello que hemos heredado (lo bueno y lo malo) y usarlo para bien. Cuando expresa su amor a Dios y se somete a Él para cumplir sus designios, Dios puede transformar su corazón, mente y matrimonio de acuerdo con su diseño perfecto.

Plantar la semilla

El rey Salomón sabía cómo construir una casa. No sólo construyó una para él y su familia, sino que también se le concedió la oportunidad de construir la casa de Dios, el primer templo de Jerusalén.

4. ¿Cómo se relaciona el Salmo 127:1-2 con edificar un matrimonio?

5. Si otros observaran su matrimonio, ¿con cuáles de las siguientes señales de tránsito describirían su relación? Explique su elección.

   ☐ Dios está trabajando
   ☐ ¡Cuidado! Derrumbes
   ☐ Camino bifurcado
   ☐ Camino escabroso
   ☐ Otro: _____

Construir sobre el cimiento correcto

Si leemos el final del Sermón de la Montaña en el evangelio de Mateo, vemos que Jesús también conocía algo acerca de cómo construir una casa.

6. En Mateo 7:24-27, ¿qué tenían en común los dos constructores de esta parábola?

¿En qué se diferenciaban?

7. ¿Qué clase de cosas, ideas o actitudes pueden contribuir a que un matrimonio esté cimentado sobre la arena?

¿Qué más —además de estar centrado en Cristo— debería incluir el cimiento sobre la roca de un matrimonio?

El mejor legado que podemos dejar a otros es una vida que no solamente oye las palabras de Jesús, sino que también las pone por obra (Santiago 2:14, 18, 26).

Construir un legado

¿Cómo podemos construir un matrimonio centrado en Cristo? ¿Cómo podemos cultivar una atmósfera y una actitud que edifiquen a nuestro cónyuge? Vamos a volver a las palabras de Jesús en el evangelio de Mateo, cuando comienza su Sermón de la Montaña.

Atmósfera

Lea Mateo 5:3-10. Cada una de estas declaraciones comienza con la misma palabra: "dichosos." También podríamos traducirla como "felices", pero sólo entendiendo que Jesús no se está refiriendo a una *emoción*; está hablando de una *condición* de vida. Sólo si obedece sus mandamientos, una atmósfera de dicha, o de felicidad, rodeará su hogar.

8. ¿Qué palabra o frase sería la que mejor describiera la atmósfera que reina en su matrimonio?

¿Qué aspectos de su matrimonio son de bendición para usted?

Actitud

Tradicionalmente, los cristianos se refieren a las palabras de Jesús en Mateo 5:3-10 como las Bienaventuranzas. En ellas, Jesús nos enseña la manera de vivir mostrándonos las actitudes correctas. Investiguemos qué actitudes nos ayudarán a crear una herencia digna de ser recibida por otros.

"Dichosos los pobres en espíritu, porque el reino de los cielos les pertenece" (Mateo 5:3). Otra traducción de este versículo dice: "Dichoso el que ya no puede más. Si hay menos de ti hay más de Dios y su señorío" (THE MESSAGE).[a]

9. ¿Ha estado alguna vez en una situación en la que había llegado al límite de sus fuerzas? ¿Cuál fue su reacción?

10. ¿Cómo cambiaría su manera de ver los problemas la convicción de que Dios tiene todo bajo control?

"Dichosos los que lloran, porque serán consolados" (Mateo 5:4). Reconocer las pérdidas que ocurren en nuestro matrimonio nos da la libertad de ser honestos con nuestro dolor y nuestra angustia. De esta manera, estamos libres para experimentar el gozo y el consuelo que Dios y nuestro cónyuge pueden darnos. Esta es una maravillosa herencia que podemos dejar a nuestros hijos y a otros que se encuentren en nuestra esfera de influencia.

11. ¿Cuáles son algunas de las pérdidas (por ej., un trabajo, un ser amado, una mudanza, etc.) que usted y su cónyuge han sufrido desde que se casaron?

¿Cómo afrontó la situación? ¿Cómo lo ayudó su cónyuge a afrontarla?

¿Qué bendición experimentó como resultado de esa situación?

"Dichosos los humildes, porque recibirán la tierra como herencia" (Mateo 5:5). Ser humilde significa tener la actitud correcta acerca de quién es uno –una estimación ni demasiado alta ni demasiado baja de uno mismo–; en otras palabras, una actitud mansa.

12. ¿Cómo podría expresarse una actitud de humildad en el matrimonio?

¿De qué modo debe expresar humildad en su matrimonio?

"Dichosos los que tienen hambre y sed de justicia, porque serán saciados" (Mateo 5:6). Ya sea que esté comenzando a entender el concepto de justicia o que usted y su cónyuge hayan estado buscándola por largo tiempo, Jesús promete que si usted la anhela, la recibirá. Dicho en palabras simples, ser justo es haber saldado cuentas con Dios.

13. ¿Tiene usted hambre, o anhelo, de estar bien con Dios? Si es así, ¿ha compartido ese deseo con su cónyuge y su familia? Si no, ¿qué es lo que está matando ese hambre, o anhelo, de Dios?

¿Cómo se manifiesta el hambre de justicia en un matrimonio?

"Dichosos los compasivos, porque serán tratados con compasión" (Mateo 5:7). La misericordia expresa interés por los que padecen necesidades. Hace poco, una amiga me comentó que, en cierta ocasión, estaba hablando sobre las dificultades que tenía para cuidar de su madre anciana. Mientras hablaba, se escuchó a sí misma quejarse de esas tareas rutinarias. Al levantar la vista, se dio cuenta de que su hijo la estaba escuchando atentamente. Entonces, se imaginó que algún día ella estaría en un hogar de ancianos y sería su hijo quien cuidaría de ella. Entonces su actitud cambió.

14. ¿Cómo podemos mostrar misericordia en una relación matrimonial?

"Dichosos los de corazón limpio, porque ellos verán a Dios" (Mateo 5:8). Otra traducción dice: "Dichoso el que tiene su mundo interior –su mente y su corazón– en orden. Entonces podrá ver a Dios en el mundo que lo rodea" (THE MESSAGE).[b]

15. ¿Cómo se demuestra la pureza, o rectitud, de corazón en un matrimonio?

"Dichosos los que trabajan por la paz, porque serán llamados hijos de Dios" (Mateo 5:9). Jesús no está hablando de lograr la paz a cualquier precio, pues la paz de Jesús no es simple ausencia de conflicto, sino una paz que se experimenta cuando la gente pone los intereses de los demás por encima de sus propios intereses y necesidades (vea Filipenses 2:4).

16. ¿Cómo podemos ser pacificadores en y por medio de nuestro matrimonio?

"Dichosos los perseguidos por causa de la justicia, porque el reino de los cielos les pertenece" (Mateo 5:10). ¿Alguna vez hizo lo correcto, se sintió bien al respecto y, sin embargo, hubo gente que lo hizo angustiar por sus actitudes o acciones? Jesús explica que si lo seguimos, hallaremos resistencia e incluso persecución abierta.

17. ¿Qué oposición ha experimentado usted al tratar de obedecer el plan de Dios en su matrimonio?

¿Qué clase de legado les está pasando a otros cuando observan su reacción ante tiempos y personas difíciles?

Ahora que hemos examinado la atmósfera y las actitudes que Jesús espera de nosotros en nuestra vida y matrimonio, pasemos a considerar las acciones que Él nos pide que realicemos.

Regar la esperanza

A medida que estudió las palabras de Jesús, ¿se sintió inspirado o abrumado? Vivir la verdad de Dios en la vida cotidiana no es cosa fácil. Si se siente así, está en el lugar correcto. Recuerde: Jesús comenzó diciendo: "Dichosos los humildes" (Mateo 5:3). Reconocer que usted necesita de su ayuda es el primer paso: nuestra esperanza no proviene de *nuestra propia* capacidad, sino de la capacidad *de Dios* para realizar una obra "para el bien de quienes lo aman" y "que han sido llamados de acuerdo con su propósito" (Romanos 8:28). ¿Cómo regar esta esperanza? Rindiendo su vida y matrimonio a Jesucristo.

18. ¿Por qué resulta difícil rendir cada uno de los aspectos de nuestra vida y matrimonio a Dios?

19. De las siguientes afirmaciones, seleccione la que mejor describa en qué áreas de su vida y matrimonio está confiando en Dios. Después de hacerlo, tome un momento para debatir su elección con su cónyuge.

   - ☐ Nunca me comprometí a seguir a Jesucristo. Trabajo mucho para tener un buen matrimonio, pero no entiendo cómo entregarle mi vida y mi relación matrimonial a Cristo. (Por favor, haga contacto con su pastor, líder de grupo, o una amistad cristiana para que le ayude a entender el proceso de rendir su vida y matrimonio a Jesucristo).
   - ☐ He seguido a Jesús en el pasado, pero no he estado cerca de Él recientemente.
   - ☐ Estoy siguiendo a Cristo en algunas áreas de mi vida y quiero confiarle totalmente a Él mi matrimonio y cada aspecto de mi vida.

Ya sea que recién esté comenzando a conocer quién es Jesús y cómo seguirlo, o que esté adelantado en el camino que lleva a confiar a Jesús todas las áreas de su vida, sepa que Dios está esperando que se vuelva a Él (vea Lucas 15:1-23).

pasar el legado 29

Quiere que usted le pida perdón por los pecados de su pasado, y a través de Él encuentre fortaleza para vivir hoy y todos los días de su vida.

Al rendirnos a Dios y confiar en Él plenamente, Él transformará por completo la atmósfera de nuestro matrimonio y nuestras actitudes, y comenzará a obrar para cambiar nuestras acciones. Dios prometió que perfeccionará la obra que comenzó en cada uno (Filipenses 1:6).

 Cosechar el fruto

Una vez que nos hemos puesto en las manos de Dios, es hora de comenzar a poner sus palabras en acción. A medida que lo hacemos, ¡veremos resultados tangibles! El siguiente inventario lo ayudará a comenzar a dar pasos prácticos para disfrutar de un hogar dichoso. Al trabajar en este ejercicio, evite decirle a su cónyuge cómo puede mejorar; en lugar de eso, piensen qué acciones pueden llevar a la práctica juntos como pareja.

Llevar a la acción el inventario de las Bienaventuranzas

En una escala de 1 a 10, evalúe la atmósfera de su matrimonio respecto a cada una de las 10 bienaventuranzas de Mateo 5; luego responda la pregunta que sigue a cada característica.

20. "Dichosos los pobres en espíritu" (v. 3).
    _____ *Mi matrimonio goza de una atmósfera de dependencia de Dios.*
    ¿Qué paso pueden dar usted y su cónyuge para depender activamente de Dios en su matrimonio?

21. "Dichosos los que lloran" (v. 4).

_____ *Mi matrimonio goza de una atmósfera de libertad para expresar nuestras aflicciones.* ¿Cómo pueden usted y su cónyuge compartir mejor sus tristezas y aflicciones uno con otro?

22. "Dichosos los humildes" (v. 5).

_____ *Mi matrimonio goza de una atmósfera de humildad.*

¿En qué área necesitan crecer usted y su cónyuge en humildad como pareja?

22. "Dichosos los que tienen hambre y sed de justicia" (v. 6).

_____ *Mi matrimonio goza de una atmósfera de hambre de Dios.*

¿Qué paso pueden dar usted y su cónyuge para buscar a Dios como matrimonio?

22. "Dichosos los compasivos" (v. 7).

_____ *Mi matrimonio goza de una atmósfera de compasión.*

¿Cómo pueden usted y su cónyuge cultivar una atmósfera de misericordia y perdón en su hogar?

25. "Dichosos los de corazón limpio" (v. 8).

_____ *Mi matrimonio goza de una atmósfera de protección de la pureza de mi corazón y el de mi cónyuge.*

¿Qué paso pueden dar usted y su cónyuge para proteger mejor la pureza de sus corazones?

26. "Dichosos los que trabajan por la paz" (v. 9).

_____ *Mi matrimonio goza de una atmósfera de paz durante los momentos de conflicto.*

¿De qué manera pueden usted y su cónyuge ser pacificadores a través de su matrimonio?

27. "Dichosos los perseguidos por causa de la justicia" (v. 10).

_____ *Mi matrimonio refleja el compromiso de seguir a Dios más allá de las influencias mundanas.*

¿En qué área pueden usted y su cónyuge afirmarse aún más en cumplir la voluntad de Dios para su matrimonio?

Si usted fracasa en hacer planes, hace planes para fracasar. Esto es especialmente cierto cuando se trata de dejar un legado. Lograr que esas características se aprecien en su matrimonio le llevará tiempo. Fije una hora para reunirse habitualmente con su cónyuge (y sus hijos, si tienen la edad suficiente), para conversar acerca de estas características. Las siguientes son algunas sugerencias:

- Una vez por semana, aparte tiempo antes o después de una comida para evaluar el progreso de uno de los pasos que decidieron poner en práctica.
- Una vez por mes, en cierta fecha, dedique todo el tiempo del encuentro a evaluar dónde se están poniendo en práctica estas actitudes.
- Anímense mutuamente a memorizar los primeros 10 versículos de Mateo 5 para recordar los pasos que han proyectado dar juntos.

Nota de la traducción:

a.   Traducción directa del inglés (no hay traducción castellana de la versión The Message).

b.   ídem.

Sesión tres

Entender y *celebrar* las diferencias

Aunque el cuerpo es uno solo, tiene muchos miembros, y todos los miembros, no obstante ser muchos, forman un solo cuerpo.
1 Corintios 12:12

Recientemente, una amiga me preguntó: "¿Sabes cuál es el primer chiste de la Biblia?"

"No", le contesté.

Entonces me respondió: "Dios los creó hombre y mujer, y esperaba que se llevaran bien".

"Diferencias irreconciliables" es una frase que se utiliza en las peticiones de divorcio sin culpa por parte de los cónyuges. Es un hecho: los hombres y las mujeres *son* diferentes. Tenemos una manera diferente de pensar, de comunicarnos, de expresar nuestra sexualidad –y la lista continúa. Dicho simplemente, Dios nos formó diferentes *a propósito*. A esto sumémosle nuestra crianza, experiencia de vida e innumerables otros factores. ¡No es de extrañar que tengamos diferencias irreconciliables!

Pero aquí están las buenas noticias: nuestras diferencias no son irreconciliables. Por cierto, Dios quiere que esas diferencias potencien nuestro matrimonio, no que lo destruyan. Cuando usted comience a entender las diferencias que existen entre usted y su cónyuge y a disfrutarlas, Dios traerá tal entusiasmo y profundidad a su relación que le parecerá increíble. Mientras que entender y disfrutar las diferencias requiere esfuerzo, escuchar la Palabra de Dios y permitir que Él obre por medio de nosotros requiere tomar su diseño (hombre y mujer), y crear una obra maestra pintándola con la amplia gama de colores que hay entre ustedes (sus diferencias).

Labrar la tierra

Las diferencias entre esposos y esposas se han convertido en una rica fuente de material humorístico para las comedias televisivas de situación y las películas románticas. No sólo tenemos que vérnoslas con las diferencias de género, sino también con las culturales, familiares, de personalidad y educación. De hecho, habiendo tantos factores involucrados, ¡es realmente sorprendente que cualquiera de nosotros permanezca casado!

1. ¿Cuáles son algunas de las diferencias básicas entre hombres y mujeres?

   ¿Encuentra tales diferencias fascinantes, divertidas o frustrantes? Explíquelo.

2. Describa algunas de las diferencias entre usted y su cónyuge que le hayan sorprendido.

Dios nos creó "hombre y mujer" (Génesis 1:27) con un propósito. Vamos a descubrir y celebrar esas diferencias.

36 sesión tres

Plantar la semilla

Aunque el primer capítulo de Génesis nos dice que Dios creó tanto al hombre como a la mujer conforme a su imagen, no nos dice *por qué* los hizo hombre y mujer. Pero el segundo capítulo arroja un poco más de luz para entender por qué Dios nos hizo diferentes.

3. De acuerdo con Génesis 2:18-20, ¿qué acciones realizó Dios antes de crear a la ayuda para Adán y por qué cree que las hizo?

¡Es un hecho! *¡Es un hecho! La palabra traducida como "ayuda", en hebreo es "ezer". Esta palabra no se refiere a un siervo o criatura inferior a quien se domina; antes bien, se refiere a una persona que aportará algo que la persona a quien ayuda no posee. Las Escrituras hebreas se refieren a Dios como nuestro ayudador, nuestro ezer.* [1]

4. ¿Qué dice cada uno de los siguientes versículos acerca de Dios como nuestro ayudador?

Éxodo 18:4

Salmo 33:20

Salmo 46:1

Hebreos 13:6

entender y celebrar las diferencias 37

5. ¿De qué modo ha experimentado que Dios es su ayuda?

6. De acuerdo con Génesis 2:21-25, ¿qué es lo que hace que la mujer sea el perfecto complemento (o ayuda) para el hombre?

¿Cómo reflejan las palabras del hombre en el versículo 23 la visión que tiene de la mujer?

7. ¿Qué nueva apreciación ha adquirido de las diferencias entre los hombres y las mujeres partiendo del diseño y el propósito original de Dios?

Necesitamos variedad

Para entender mejor el sublime designio por el que los hombres y las mujeres son diferentes y a la vez uno en el matrimonio, pongamos atención a la carta de Pablo a los Corintios. Lea la descripción de Pablo acerca del significado del amor en 1 Corintios 13:1-8.

8. ¿Cómo podría relacionarse este pasaje con un esposo y una esposa mutuamente enamorados y que aceptan sus diferencias?

9. A medida que lee 1 Corintios 12:12-26, considere cómo la metáfora del cuerpo utilizada por Pablo ilustra las razones que hay detrás del designio de Dios respecto a las diferencias entre los esposos.

10. ¿Qué le sucedería a la Iglesia (o a un matrimonio) si no hubiera variedad entre sus miembros (vea vv. 14-16)?

11. Describa la manera en que las diferencias entre esposos pueden aportar al matrimonio un sentido de completitud.

Cada uno tiene diferentes funciones

Dios nos diseñó a cada uno con dones y capacidades diferentes. Para que el cuerpo funcione como Dios lo planeó, cada parte debe desempeñar su función.

12. De acuerdo con 1 Corinitos 12:17-20, 27-31, ¿por qué es importante que la Iglesia incorpore los distintos dones y capacidades de sus miembros?

¿En que aspecto su matrimonio sería diferente, o qué le estaría faltando, si usted y su cónyuge tuvieran exactamente los mismos dones y capacidades?

Cada uno tiene valor

Cada parte del cuerpo tiene valor, simplemente porque el cuerpo no podría funcionar como Dios lo planeó si cada una de ellas no trabajara correctamente; lo mismo es con las diferentes funciones en el Cuerpo de Cristo.

13. Lea 1 Corintios 12:21-26. ¿Cómo puede una persona demostrar que valora a su cónyuge?

¿En que área debería mejorar en lo relativo a mostrar respeto por el rol de su cónyuge en su matrimonio?

Regar la esperanza

Pasemos a reconsiderar los pasajes bíblicos que ha estado estudiando para aplicarlos a su propio matrimonio.

La variedad es necesaria para estar completos

Conteste honestamente las siguientes preguntas (por ej., no escriba las respuestas que cree que a su cónyuge le gustaría escuchar). Es perfectamente aceptable que tengan puntos de vista diferentes en el matrimonio: lo importante es saber dónde está situado para combinar sus puntos de vista, a modo de crear una relación de pareja que funcione para ambos.

14. ¿Cuál es su idea de una perfecta salida nocturna?

15. ¿Cuál es la mejor manera de ahorrar dinero?

¿Cuál es la mejor manera de gastarlo?

16. ¿Cuán importante es para usted la intimidad sexual?

17. ¿Qué importancia tiene el tiempo de conversación en su matrimonio?

18. ¿Cuál es su definición de una casa limpia?

entender y celebrar las diferencias   41

19. ¿Cuánto afecto es suficiente?

20. ¿Cuál es la mejor manera de disciplinar a los hijos?

21. Describa las vacaciones ideales.

Comparta sus respuestas a estas preguntas con su cónyuge. **Nota**: Espere que sus respuestas sean diferentes, ¡y recuerde que eso está bien! Podemos celebrar nuestras diferencias si dedicamos tiempo para ver las situaciones a través de los ojos de nuestro cónyuge. Por más que nos cueste admitirlo, nadie tiene todas las respuestas correctas y existe más de una forma de hacer la mayoría de las cosas. A medida que comience a entender la manera en que piensa su cónyuge, y acepta dichas variaciones, va en camino a celebrar esas diferencias.

22. En aquellas preguntas que usted y su cónyuge hayan escrito respuestas distintas, ¿qué es lo bueno respecto de la manera de pensar de su *cónyuge*? (Esto deberá ser contestado después de que usted y su cónyuge hayan compartido las respuestas 14 a 21.)

23. Relea 1 Corintios 13:1-8. ¿Cómo pueden ayudarle estos versículos a comenzar a disfrutar las diferencias entre usted y su cónyuge?

Los dones y talentos diferentes producen singularidad

24. En la columna de la izquierda, haga una lista de los dones y capacidades que usted aporta al matrimonio; en la columna derecha, escriba los que aporta su cónyuge.

Mis dones y capacidades	Dones y capacidades de mi cónyuge

¿Cómo operan estos dones y talentos para complementarse mutuamente?

¿Es alguno de estos dones o capacidades motivo de competencia o fricción entre usted y su cónyuge?

La singularidad es valiosa

Cuando valoramos algo, lo demostramos por la cantidad de tiempo, emociones y acciones que invertimos. Su forma de responder a las diferencias entre usted y su cónyuge es un indicador de si valora o no a su cónyuge y sus dones y talentos únicos.

25. ¿De qué modos demuestra que valora a su cónyuge por medio de su tiempo, emociones y acciones?

Un paso a dar para entender y disfrutar las características distintivas de su cónyuge es escuchar su lenguaje de amor.[2] Esto significa observar cómo expresa su amor hacia otros y es un indicador de la forma en que la persona querría ser valorada o respetada. La mayoría de las veces, el lenguaje de amor de nuestro cónyuge será diferente del nuestro.

26. Describa lo que usted necesitaría de su cónyuge para sentirse valorado por él o ella.

¿Alguna vez recibió un regalo que le encantaba a la persona que se lo regaló, mientras que usted se preguntaba: *Por qué razón alguien me compraría un regalo como éste a mí?* La mejor manera de conocer lo que su cónyuge necesita es sencillamente preguntárselo, y luego comenzar a pensar los pasos que debe dar para expresarle amor en el lenguaje de amor apropiado.

Cosechar el fruto

¿Está listo para poner en práctica algo de lo que ha aprendido hasta aquí? Puede usar los siguientes pasos de acciones para que lo ayuden a crecer en muchas áreas de su matrimonio. Discútalos y luego decidan juntos en qué área de su matrimonio querrían trabajar durante las dos próximas semanas, y apliquen estos pasos a dicha área. Cuando comiencen este proceso, hagan el pacto de leer 1 Corintios 12 y 13 una vez por día, a medida que comiencen a entender mejor y a celebrar sus diferencias.

Paso de acción 1: Elija un área en la que usted y su cónyuge piensen diferente. *Por ejemplo, la importancia y cantidad de tiempo dedicado a mostrar afecto.*

Paso de acción 2: Conviértase en un estudiante de su cónyuge durante la próxima semana. Dedíquela a estudiar cómo piensa su cónyuge acerca de esta área de la vida. Tenga en claro que esta semana no es para debatir, sino un tiempo para observar detenidamente. Haga a un lado sus ideas preconcebidas y comience a tomar nota. Quizá le guste la idea de tener un cuaderno para escribir lo que vaya aprendiendo cada día. *Por ejemplo, ¿qué entiende mi cónyuge por afecto? ¿De qué manera expresa afecto su familia? ¿Cómo se sintió él o ella al respecto? ¿Cuál es su forma de mostrar afecto hacia otras personas fuera de la familia?*

Paso de acción 3: El último día, tome todo lo que aprendió acerca de su cónyuge y trate de clarificar sus ideas al respecto. *Por ejemplo, hable con su cónyuge sobre lo que usted entendió acerca de la necesidad que él o ella tienen de sentir afecto.*

Paso de acción 4: Ponga en práctica lo aprendido. Simplemente se trata de hacer lo que su cónyuge expresó. Tendrá tiempo de conversar sobre lo que a usted le da resultado en este proceso, pero antes de hacerlo, sólo trate de responder específicamente a lo que aprendió acerca de su cónyuge.

Paso de acción 5: Al cabo de las dos semanas, aparte tiempo para conversar sobre lo que han aprendido y experimentado a lo largo de ese tiempo. Quizá desee hablar de aquello que le resultó sorprendente o frustrante.

¡Importante! ¡Asegúrese de comenzar y concluir estas conversaciones con oración!

Notas:

1. Victor P. Hamilton, *The New International Commentary on the Old Testament: The Book of Genesis* (Nuevo comentario internacional sobre el Antiguo Testamento), Capítulos 1-17 (Grand Rapids, MI: William Eerdmans Publishing Company, 1990), pág. 176.
2. Para más información acerca de los lenguajes del amor, lea Gary Chapman, *Los cinco lenguajes del amor*, Ed. Unilit.

Sesión cuatro

Vivir según el plan maestro

Yo soy la vid y ustedes son las ramas. El que permanece en mí como yo en él, dará mucho fruto; separados de mí no pueden ustedes hacer nada.
Juan 15:5

Lea los siguientes puntos de vista completamente diferentes sobre el matrimonio, que expresan lo que dos hijos ya adultos piensan respecto del matrimonio de sus padres:

"Realmente no creo en la institución del matrimonio", dijo mi amigo mientras hablábamos de su futuro.

"¿Por qué?", le pregunté.

"Bueno, mi mamá y mi papá dejaron de quererse hace mucho tiempo. Vivieron 30 años en la misma casa, pero no recuerdo cuándo fue la última vez que los vi hablar de algo importante. Simplemente se soportaban el uno al otro. Realmente creo que siguieron juntos por nosotros, los chicos. Pero, para ser franco, creo que al seguir juntos me dieron una impresión del matrimonio peor que si se hubieran separado."

Estuve conversando con una mujer durante una sesión de consejo prematrimonial y cuando se le preguntó qué era lo que más le gustaba del matrimonio de sus padres dijo esto: "Me encanta ver a mi mamá y a mi papá juntos. Son los mejores amigos y disfrutan de estar juntos, pues tienen una forma muy linda de quererse el uno al otro. Por supuesto, no son perfectos, pero nunca he dudado de que los dos se aman".

¿En qué consiste la diferencia entre los dos puntos de vista y los matrimonios que representan? Ambas parejas se asemejan en el hecho de haber permanecido casadas. Sin embargo, estos hijos ya adultos revelaron la verdad: uno de los matrimonios nos habla de vida, el otro oscilaba cerca de la muerte. ¿Qué hizo la diferencia?

Dios desea que su matrimonio sea una relación llena de vida. Que no sea sólo el compromiso exterior de permanecer juntos, sino el compromiso interior de mantener a Dios en el centro de su matrimonio.

Labrar la tierra

Se haya dado cuenta o no, usted está dejando un legado. Las decisiones que toma determinarán si ese legado valdrá o no la pena. A medida que usted y su cónyuge caminan juntos por esta vida, están elaborando un legado, y las elecciones que hagan establecerán la calidad de ese patrimonio.

1. Si supiera que va a morir dentro de un mes, ¿qué haría y diría a las personas que lo quieren?

   ¿Qué saber querría asegurarse usted de haber pasado en su vida a la generación más joven? ¿Qué querría dejarles que los impacte para el resto de sus vidas?

2. ¿Qué querría que la gente recordara de usted?

3. ¿Qué esperaría que la gente recordara de su matrimonio?

sesión cuatro

Sea cual fuere el contenido, probablemente usted querría asegurarse de que sus palabras tengan peso, así como legar lo que es importante para usted. La mayoría de nosotros no tendrá esa clase de advertencia, pero necesitamos vivir nuestras vidas de tal manera que cuenten para la eternidad.

Plantar la semilla

Juan 13 relata los acontecimientos que tuvieron lugar alrededor de la última cena que el Señor celebró con sus discípulos. Jesús tenía cosas importantes que compartir con los que amaba antes de morir en la cruz. Quizá le sorprenda saber que la misma sabiduría que Él les dejó a sus discípulos es la clave para dejar un legado de vida, gozo y paz a través de su matrimonio.

Demostrar amor

En Juan 13:1-17, Jesús demostró el alcance del amor que tenía por sus discípulos.

4. ¿Qué les mostraba Jesús a sus discípulos al lavarles los pies?

El acto de lavar los pies de un huésped era algo que usualmente hacían los sirvientes. De hecho, era considerada como una de las tareas más humildes que se hacían en una casa. ¿Puede imaginarse lo que debe haber sido lavar los pies de gente que usaba sandalias y que caminaba por sendas polvorientas?

5. ¿Cuál fue la primera reacción de Pedro cuando Jesús quiso lavarle los pies? ¿Cuál fue su segunda reacción?

vivir según el plan maestro   49

¿Cómo reacciona usted cuando su cónyuge busca servirlo? ¿Se siente agradecido, reconociendo que es un acto de amor y humildad; simplemente lo da por supuesto, considerando que usted lo merece; o se siente molesto por su acto humilde?

6. En su matrimonio, ¿cuál sería el equivalente moderno del lavado de los pies?

7. ¿Cómo podría una pareja casada demostrar esta actitud de siervo hacia los demás?

Como seres humanos afectados por la Caída, nuestra primera inclinación es querer que nos sirvan–es ganar la pelea, evitar los quehaceres, elegir el canal de televisión–en lugar de servir nosotros a los demás. Afortunadamente, Jesús sabía que necesitaríamos ayuda para servir a los demás y seguirlo a Él, por lo que nos envió un ayudador: el Espíritu Santo.

Dar fruto

Sin la ayuda del Espíritu Santo, sería imposible servir consecuentemente a otros con una actitud cristiana. Lea Juan 14:15-17. La palabra traducida como "consejero" es *parakletos* en el idioma griego: *para* significa "ponerse al lado" y *kletos* quiere decir "alguien enviado".[1] Cuando seguimos a Cristo y confiamos en su amor y su perdón, Él nos da el Espíritu Santo para que "se ponga a nuestro lado" y nos ayude.

8. ¿Cómo impacta la idea de tener un consejero, defensor y ayudador divino en su enfoque del servicio a los demás?

Observemos lo que las Escrituras dicen acerca de los que siguen sus propios deseos y los que dejan que el Espíritu Santo conduzca sus vidas.

9. ¿Qué dice Gálatas 5:16-18 en cuanto a los resultados de vivir por el Espíritu?

¿Qué se dice acerca de vivir para gratificar los propios deseos?

10. Gálatas 5:19-21 menciona una lista de los actos que resultan de seguir los propios deseos. ¿Cuáles piensa que son los problemas más comunes en los matrimonios hoy?

¿Qué actos son las causas más comunes de que los matrimonios se divorcien o se estanquen?

11. A medida que lee Gálatas 5:22-26, observe que el resultado de satisfacer nuestros deseos es considerado una obra, mientras que las operaciones del Espíritu son llamadas fruto. ¿Qué es lo significativo de esta distinción?

12. ¿Qué fruto del Espíritu experimenta ya en su vida y matrimonio?

¿Cuál anhela experimentar?

13. De acuerdo con los versículos 24 y 25, ¿cómo podemos experimentar el fruto del Espíritu?

En Juan 15:1-8, Jesús usa la metáfora de una vid para explicar cómo vivir una vida que dé fruto.

14. ¿Qué le sucede a la rama que permanece unida a la vid (v. 5)?

Jesús dijo: "Si permanecen en mí y mis palabras permanecen en ustedes, pidan lo que quieran, y se les concederá" (v. 7). George R. Beasley-Murray escribió: "'Permanecer' en Jesús tiene una significación más profunda que la de simplemente continuar creyendo en él, aunque eso está incluido; el término connota el hecho de continuar viviendo asociados o en unión con él".[2]

15. ¿Cómo afectaría los deseos del corazón de una persona el hecho de permanecer en Jesús?

16. ¿Qué le dice a usted el versículo 8 respecto de la capacidad que Dios tiene de crear una atmósfera de vida en su matrimonio?

Regar la esperanza

Cuando consideran los diferentes aspectos que demuestran el servicio amoroso y el llevar fruto espiritual en su vida personal, usted y su cónyuge también deben tener en cuenta cómo aplicar esos conceptos a su matrimonio.

Identificar las decisiones dañinas

¿Hay algún área de su matrimonio en la que está eligiendo la muerte, al hacer las obras de la naturaleza pecaminosa mencionadas en Gálatas 5? Repase la siguiente lista con su cónyuge y hablen acerca de cómo, si es así, estas áreas pueden estar influyendo sobre su matrimonio; luego elija un paso a dar para comenzar a trabajar en este aspecto de su relación.

Borracheras	Idolatría y brujería
Arrebatos de ira	Ambiciones egoístas
Odio, discordia, celos o envidia	Inmoralidad sexual
Otros (explique) _____	

17. Haga una lista de tres maneras en las que querría esforzarse más para demostrarle amor a su cónyuge.

Identificar las elecciones que producen vida

Cada uno debe tomar innumerables decisiones todos los días, desde las más triviales hasta las más trascendentales. ¿Qué decisiones está tomando para vivir una vida unida a Jesucristo?

18. De la siguiente lista del fruto del Espíritu, elija los tres componentes que más querría experimentar en su vida:

☐	Amor	☐	Gozo
☐	Paz	☐	Paciencia
☐	Mansedumbre	☐	Benignidad
☐	Fe	☐	Templanza

19. Use las siguientes reflexiones, individuales y conjuntas, para evaluarse a sí mismo y a su matrimonio en una escala del 1 al 10. El 1 indica que necesita mejorar notablemente y el 10, que está en el lugar donde debe estar.

Reflexión individual

_____ Tengo una actitud de confianza en Dios.

_____ Dedico tiempo a escuchar a Dios.

_____ Dedico tiempo de calidad cada día para orar y hablar con Dios.

_____ Estudio la Biblia con regularidad.

_____ Adoro a Dios con regularidad.

_____ Cada semana, dedico un día a descansar y reflexionar en la presencia de Dios.

_____ Tengo una actitud de servicio y sirvo habitualmente a los demás.

_____ Hablo con otros acerca de lo que Dios está haciendo en mi vida.

_____ Busco con regularidad ayuda espiritual, pidiendo que otros oren por mí.

Reflexión en pareja

_____ Nuestro matrimonio refleja una actitud de confianza en Dios.

_____ Dedicamos tiempo a escuchar lo que Dios tiene que decirnos sobre nuestra relación.

_____ Dedicamos tiempo de calidad cada día para orar y hablar con Dios juntos.

_____ Estudiamos la Biblia juntos con regularidad.

_____ Adoramos a Dios juntos con regularidad.

_____ Cada semana, dedicamos un día a descansar y reflexionar juntos en la presencia de Dios.

_____ Nuestro matrimonio refleja una actitud de servicio y acostumbramos servir a los demás.

_____ Por lo regular, compartimos con otros lo que Dios está haciendo en nuestras vidas.

_____ Buscamos ayuda espiritual con regularidad, pidiendo que otros oren con y por nosotros.

20. Identifique los puntos clave que descubrió en este ejercicio de reflexión.

 ## Cosechar el fruto

21. ¿Qué aspecto de su andar personal con Cristo querría mejorar?

¿Qué es lo que querrían cambiar en su caminar con Cristo como pareja casada?

Junto con su cónyuge elijan una fecha de esta semana para repasar las cosas que desearían cambiar en su relación personal con Cristo y en su andar con Él como pareja casada.

Durante este tiempo de discusión, establezca un horario para encontrarse habitualmente, para tener una cita con Dios y con su cónyuge. Deberían hacer esto en un momento y un lugar tranquilos, donde usted y su cónyuge puedan alentarse el uno al otro y compartir en que posición se encuentran en su relación mutua y en su caminar con Cristo.

Durante las próximas semanas, repase lo que han descubierto a lo largo de este estudio el uno acerca del otro y de su singularidad como pareja, y dediquen tiempo a considerar cuál es el propósito de Dios para su vida como esposos. Aparten tiempo para disfrutar de un retiro durante un fin de semana (o al menos un día entero) para orar, leer las Escrituras y oír la dirección de Dios para el ministerio en y por medio de su matrimonio.

22. Quizá ya estén involucrados en un ministerio juntos. Este sería un buen momento para evaluar su participación. ¿Deberían continuar en ese ministerio? ¿Deberían ajustar su nivel de participación o su esfera de influencia?

23. Si aún no se han involucrado en un ministerio juntos, use este tiempo de retiro para considerar las diferentes posibilidades de ministerio. Tengan en cuenta los dones, capacidades, personalidades y circunstancias únicas de cada uno y cómo podrían ser usados al servicio de los demás.

Planee hoy mismo dedicar tiempo regularmente para evaluar su ministerio y para escuchar la dirección de Dios en esta área de su matrimonio.

Notas:

1. Victor P. Hamilton, *The New International Commentary on the Old Testament: The Book of Genesis* (Nuevo comentario internacional sobre el Antiguo Testamento), Capítulos 1-17 (Grand Rapids, MI: William Eerdmans Publishing Company, 1990), n. p.

2. George R. Beasley-Murray, *Word Biblical Commentary: John* (Comentario bíblico de Word) (Waco, TX: Word Publishing, 1987), pág. 272.

La expectación en el matrimonio

Guía de discusión para el líder

Pautas generales

1. En lo posible, el grupo debería ser liderado por una pareja casada. Esto no significa que ambos esposos deban conducir las discusiones grupales; quizá uno es más apto para fomentar el debate mientras que el otro se desempeña mejor en la organización o ayudando a formar y consolidar relaciones; pero el matrimonio líder debería compartir responsabilidades en todo lo que sea posible.
2. En la primera reunión, asegúrense de exponer claramente las reglas fundamentales para los debates grupales, recalcando que el seguir dichas reglas contribuirá a que todos se sientan cómodos durante los tiempos de discusión.
   a. Ningún participante puede compartir detalles de índole personal o que puedan avergonzar a su cónyuge, sin haberle pedido previamente su autorización.
   b. Sea cual fuere el tema discutido en las reuniones grupales, tiene carácter confidencial, y debe ser mantenido en la más absoluta reserva, sin trascender más allá de los miembros del grupo.
   c. Dé lugar a que participen todos los miembros del grupo. Sin embargo, como líder, no fuerce a ninguno a contestar alguna pregunta si no se muestra dispuesto a hacerlo. Sea sensible a los diferentes tipos de personalidad y estilos de comunicación de los integrantes del grupo.
3. El tiempo de comunión es muy importante para consolidar relaciones en un grupo pequeño. El suministrar bebidas y/o un refrigerio, ya sea antes o después de cada sesión, fomentará un tiempo de comunión informal con los demás miembros.
4. La mayoría de la gente tiene vidas muy ocupadas; respeten el tiempo de los integrantes de su grupo comenzando y terminando puntualmente las reuniones.

La Guía para el ministerio de matrimonios de Enfoque a la Familia *tiene aún más información sobre cómo iniciar y liderar un grupo pequeño, y es un recurso de inapreciable valor para guiar a otros a través de este estudio.*

Cómo usar este material

1. Cada sesión cuenta con material más que suficiente para cubrir un período de enseñanza de 45 minutos. Probablemente el tiempo no alcance para discutir cada una de las preguntas en la sesión, así que prepárense para cada reunión seleccionando previamente las que consideran como las más importantes para tratar en grupo; debatan otras preguntas si el tiempo lo permite. Asegúrense de reservar los últimos 10 minutos de la reunión para que cada pareja interactúe individualmente y para orar juntos antes de despedirse.

    Plan opcional de ocho sesiones: Si desean llegar a cubrir todo el material presentado en cada sesión, pueden dividirla fácilmente en dos partes. Cada sección de la sesión consta de suficientes preguntas como para dividirla por la mitad, y las secciones de estudio bíblico (Plantar la semilla) están divididas en dos o tres secciones que pueden utilizarse para enseñar en sesiones separadas. (En la guía del líder grupal encontrarán más ayuda sobre cómo hacerlo.)

2. Cada cónyuge debería tener su propia copia del libro para contestar las preguntas personalmente. El plan general de este estudio es que las parejas completen las preguntas en sus casas y luego traigan sus libros a la reunión para compartir lo que hayan aprendido durante la semana.

    Sin embargo, la experiencia de liderar grupos pequeños hoy en día demuestra que a algunos miembros les resultará complicado realizar las tareas. Si este es el caso de su grupo, consideren la posibilidad de adaptar las lecciones para que los miembros completen el estudio durante el tiempo de reunión a medida que los guía en la lección. Si utilizan este método, asegúrense de animar a los integrantes a compartir sus respuestas individuales con sus cónyuges durante la semana (tal vez alguna noche que destinen específicamente para ello).

| Sesión uno | Emprender juntos una aventura de fe |

> *Nota para el líder*: Este estudio bíblico está basado en The Marriage Masterpiece,[1] de Al Janssen. Le recomendamos que lea los capítulos 8 y 9 como preparación para conducir este estudio.

Antes de la reunión

1. Reúna materiales para hacer tarjetas de identificación (si las parejas no se conocen y/o si ustedes no conocen el nombre de todos). También consiga lápices o bolígrafos extra y Biblias para prestarle al que necesite.
2. Haga fotocopias del **Formulario para pedidos de oración** (vea la *Guía para el ministerio de matrimonios de Enfoque a la Familia,* en la sección de "Formularios fotocopiables") o consiga fichas de 3x5 pulgadas para registrar los pedidos.
3. Lea sus propias respuestas a las preguntas, marcando las que desea que se debatan en el grupo. También resalte los versículos clave que crea apropiados para compartir durante el estudio.
4. Prepare papelitos con las citas bíblicas de los versículos que usted querrá que sean leídos en voz alta durante las sesiones. Si lo desea, puede distribuirlos a medida que llegan los integrantes, pero sea sensible a los que se sientan incómodos al leer en voz alta o que no estén familiarizados con la Biblia.

Rompehielos

1. Si ésta es la primera vez que este grupo de parejas se reúne, haga que todos se presenten y que cuenten un poco acerca del tiempo que llevan casados, dónde se casaron, etc.
2. Invite a cada pareja a compartir alguna historia de un viaje emocionante o de una actividad que hayan realizado juntos.

3. **Opción**: Haga que cada persona comparta la primera parte de la pregunta 1, de la sección "Labrar la tierra" (p. 12).
4. Antes de comenzar, asegúrese de orar pidiendo la guía y la gracia de Dios a lo largo del estudio.

Discusión

1. **Labrar la tierra**: Pida algún voluntario que lea el comentario para estar seguro de que todo el mundo están en la misma pagina en lo que respecta al entendimiento de los conceptos de ocupación y vocación. Invítelos a compartir sus respuestas a las preguntas 1 y 2. Luego invite a todo el grupo a compartir sus respuestas a la pregunta 3 para saber qué entiende la gente por vocación. Anime a cada uno a compartir en pareja sus respuestas a la pregunta 4 al final de la sesión, en "Cosechar el fruto."

2. **Plantar la semilla**: Después de leer Génesis 1:26-31, comience a trabajar en la sección. "Conocer a Dios" está diseñado para ayudar a las parejas a pensar en la naturaleza de Dios como uno y trino a la vez. "Conocer a la gente" está diseñado para ayudar a las parejas a pensar lo que significa estar hecho a la imagen de Dios.

    "Conocer la bendición de Dios" ayudará a las parejas a reflexionar acerca de lo que la Biblia considera vocación. Lea el capítulo 16 de *The Marriage Masterpiece* (La obra maestra del matrimonio) mientras usted personalmente prepara la discusión de la sección "Un modelo bíblico".

3. **Regar la esperanza**: La pregunta 21 está pensada para ayudar a todo el grupo a divertirse un momento pensando en las maneras de compartir una misma vocación. Mientras se aportan ideas, permita que cada uno responda rápidamente y sin demasiado debate. Quizá desee escribir sus sugerencias en una pizarra. Luego pase a la pregunta 23 e invite al debate grupal. La pregunta 22 es para que cada uno la trabaje en pareja.

4. **Cosechar el fruto**: Explique la importancia de trazar planes. Si no lo hace, seguramente fracasará. Asegúrese de animar a cada pareja a orar junta antes de contestar las preguntas de esta sección. Durante la reunión, resalte el hecho de que quizá cada pareja no tenga una vacación definida, pero que es importante comenzar el proceso de definir cuál podría ser. Parte del trabajo de compartir una vacación será simplemente orar y conversar con regularidad acerca de lo que Dios está haciendo

con ellos como pareja. Cuando vuelva a reunir al grupo completo, pida que cada pareja comparta cuándo planean reunirse para discutir el tema durante la semana.

5. **Concluyan con oración**: Una parte importante de toda relación de grupo pequeño es el tiempo dedicado a orar unos por otros. Esto también puede llevarse a cabo en distintas formas:
   a. Solicite a las parejas que escriban sus pedidos de oración específicos en el **Formulario para pedidos de oración** (o en las fichas). Estos pedidos pueden compartirse con todo el grupo o intercambiarse con los de otras parejas como compañeros de oración durante la semana. Si deciden compartir los pedidos, oren como grupo antes de finalizar la reunión; si los intercambian, asigne un tiempo a los compañeros de oración para que oren juntos.
   b. Reúna al grupo y dirija a las parejas en una oración guiada.
   c. Indique a cada pareja que ore junta.

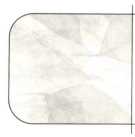

Nota: Quizá desee anotar personalmente las peticiones de cada persona o pareja en un diario de oración o un cuaderno para llevar un registro y para realizar un control periódico. Es una buena forma de registrar las respuestas que reciban de parte de Dios y también constituye una afirmación del poder de Dios.

Después de la reunión

1. **Evalúe**: Dedique tiempo a evaluar la efectividad de las reuniones (vea la *Guía para el ministerio de matrimonios de Enfoque a la Familia,* buscar la *Hoja de evaluación* en la sección de "Formularios fotocopiables").
2. **Aliente**: Durante la semana, trate de ponerse en contacto con cada pareja (por medio de llamadas telefónicas, notas breves, o mensajes instantáneos o por correo electrónico) y déle la bienvenida al grupo. Póngase a su disposición para responder cualquier pregunta que puedan tener y trate de conocerlos en general. Sería bueno que el esposo-líder se comunique con los hombres y la esposa-líder con las mujeres.
2. **Equípese**: Complete el estudio bíblico, aunque ya lo haya realizado antes.

guía de discusión para el líder   63

4. **Ore**: Prepárese en oración para la próxima reunión, orando por cada pareja y por su propia preparación como líder.

Recuerden: Para usted y su cónyuge, conducir este estudio bíblico es una vocación común a corto plazo. Si desean cuidar de los miembros del grupo de manera eficaz, deben cuidar de su matrimonio de la misma manera. ¡Asegúrense de amarse el uno al otro!

Sesión dos | Pasar el legado

Antes de la reunión

1. Ore con su cónyuge y conversen sobre cómo Dios ha estado obrando en su matrimonio durante esta última semana.
2. Consiga algunas Biblias, lápices o bolígrafos y materiales para hacer tarjetas de identificación.
3. Haga fotocopias del formulario de oración o reúna fichas de 3x5 pulgadas para registrar los pedidos. Traiga su diario o cuaderno de oración y revise cuáles son las peticiones para la semana. A medida que llegan los integrantes, puede hacer una verificación informal o preguntar si alguno desea compartir las respuestas recibidas de Dios.
4. Complete el estudio usted mismo durante la semana. Lea sus propias respuestas a las preguntas, marcando las que desea que se debatan en el grupo. En tanto se prepara, pida que Dios guíe la discusión.
5. Prepare papelitos con las citas bíblicas de los versículos que usted querrá que sean leídos en voz alta durante las sesiones. Una vez más, sea sensible a los que prefieren no leer en voz alta.
6. Provéase de hojas de papel en blanco (vea Rompehielos).

Rompehielos

1. Distribuya las hojas de papel y lápices o bolígrafos, e indíqueles que escriban en letras grandes una palabra que describa la relación de sus padres.
2. **Opción 1:** Pida que cada uno describa lo que más esperan o esperaban heredar de sus padres.
3. **Opción 2:** Haga que cada persona comparta la pregunta 1 de la sección "Labrar la tierra".
4. Antes de comenzar, asegúrese de pedir en oración la guía y la gracia de Dios a lo largo del estudio.

guía de discusión para el líder   65

Discusión

Nota: Uno de los desafíos de este estudio es que algunas parejas del grupo no tengan, no puedan o no planeen tener hijos. Asegúrese de ser sensible a dichas parejas al tratar el tema del legado. Dar ejemplos de pasar el legado a una pareja hija y a otras personas que no pertenecen a la familia ayudará a que todos participen.

1. **Labrar la tierra**: Invite a algunos voluntarios a contestar las preguntas 1 y 2. Pida al grupo completo que conteste la pregunta 3 para ayudar a los miembros a reflexionar sobre el impacto que el matrimonio de otras personas ha causado en sus vidas.
2. **Plantar la semilla**: Realice un breve debate de las preguntas 4-7. La mayor parte del tiempo debería dedicarla al estudio de Mateo 5:3-10. Cuando lea este pasaje, hágalo despacio, para dar tiempo a que el grupo realmente experimente la Escritura. Podría decirles que se imaginen a Jesús sentado en la colina, hablándoles estas palabras a ellos. Dé tiempo a cada matrimonio para que dialogue antes de contestar la pregunta 8 y luego déjelos responder como pareja. Al trabajar en las preguntas 9-17, asegúrese de que todos hayan contribuido a las respuestas. Algunas preguntas, sin embargo, requieren respuestas personales; invite a algunos voluntarios a responder esas preguntas.
3. **Regar la esperanza**: Esta sección tiene el propósito de que las personas y las parejas del grupo medite en qué lugar se encuentran en su andar con Cristo. Lean juntos el comentario y discutan la pregunta 18; luego dé tiempo para que las parejas mediten en su relación con Cristo. Después vuelva a reunir al grupo e invite a voluntarios a compartir sus respuestas. Sea sensible al mover de Dios durante este momento. Antes de pasar a la próxima sección, asegúrese de invitar a todo aquel que tenga más preguntas respecto de su fe, a hablar con usted después del estudio o quizá durante la semana.
4. **Cosechar el fruto**: Dé tiempo para que las parejas trabajen en el inventario. Si el tiempo no alcanza, anímelos a hacerlo como tarea en su hogar. Vuelva a reunir a todo el grupo y solicite a cada pareja que comparta una acción que planean realizar durante esta próxima semana.

5. **Concluyan con oración**: Haga que se formen grupos de dos pareja para compartir sus pedidos de oración. Déles tiempo para que oren juntos y luego concluya la reunión orando por las parejas.

Después de la reunión

1. **Evalúe.**
2. **Aliente:** Anime a los compañeros de oración a llamarse durante la semana para preguntar si hay algo por lo que necesitan oración.
3. **Equípese:** Complete el estudio bíblico.
4. **Ore:** Prepárese en oración para la próxima reunión, orando por cada pareja y por su propia preparación.

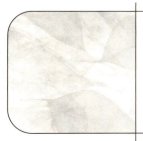

Recuerde: Al finalizar la reunión esté a disposición para hablar con todo aquel que haya aceptado a Cristo por primera vez o que haya rededicado su vida para seguir al Señor. Si es posible, una vez finalizada la reunión, reúnase con su cónyuge para orar por cada pareja en forma individual.

| Sesión tres | Entender y celebrar las diferencias |

Antes de la reunión

1. Ore con su cónyuge y conversen sobre lo que han aprendido de la sesión anterior. Discutan cualquier cambio que hayan visto en su hogar desde la sesión previa.
2. Tome contacto con los miembros del grupo durante la semana por medio de un llamado o un correo electrónico.
3. Consiga Biblias y lápices o bolígrafos para utilizar durante las reuniones.
4. Haga fotocopias del formulario de oración o suministre fichas de 3x5 pulgadas para registrar los pedidos. Traiga su diario o cuaderno de oración y haga un repaso de cómo ha estado orando durante la semana. A medida que llegan los integrantes, puede hacer una verificación informal.
5. Complete el estudio usted mismo durante la semana. Lea sus propias respuestas a las preguntas, marcando las que desea que se debatan en el grupo. En tanto se prepara, pida que Dios guíe la discusión.
6. Prepare papelitos con las citas bíblicas de los versículos que usted querrá que sean leídos en voz alta durante las sesiones. Una vez más, sea sensible a los que prefieren no leer en voz alta.
7. Prepare un juego de Batalla de los Sexos. El líder del grupo debe pensar cinco preguntas para hacerles a las mujeres del grupo. Asegúrese de que sean preguntas que típicamente se les hacen a los hombres (por ej., sobre deportes, automóviles o herramientas). La líder del grupo deberá pensar cinco preguntas para hacerles a los hombres del grupo, sobre temas típicamente femeninos (por ej., moda, belleza o decoración).

Rompehielos

1. Dediquen cinco minutos a jugar la Batalla de los Sexos. Disfruten de un momento de diversión y que haya premios para todos —podría ser su barra de golosina favorita y la favorita de su cónyuge.

2. **Opción 1:** Invite a los miembros a compartir una historia que realmente demuestre las diferencias entre hombres y mujeres.

3. **Opción 2:** Pida que cada persona comparta su respuesta a la pregunta 1, de la sección "Labrar la tierra".

4. Antes de comenzar, asegúrese de pedir en oración la guía y la gracia de Dios a lo largo del estudio.

Discusión

1. **Labrar la tierra**: Pida que un voluntario lea la introducción. En grupo, aporten diferentes ideas sobre las diferencias básicas entre los hombres y las mujeres. Pida a otro voluntario que escriba las sugerencias en la pizarra.

2. **Plantar la semilla**: Las preguntas 3-7 están diseñadas para ayudar a las parejas a pensar en el significado de la mujer creada como ayuda idónea. En el pasado, estos versículos quizá hayan sido usados para dar la impresión de que la mujer tenía menos valor que el hombre. Tome el tiempo suficiente para analizar estos pasajes para ayudar a los integrantes a entender que estas Escrituras demuestran que la mujer *no es menos que el hombre* sino la *culminación* del propósito original de Dios.

   Invite a los miembros a cerrar los ojos y escuchar mientras usted (o un voluntario) lee 1 Corintios 13. Discutan el resto de las preguntas.

3. **Regar la esperanza**: Pida que cada uno se reúna con su pareja para discutir las preguntas de esta sección.

4. **Cosechar el fruto**: Si queda tiempo, haga que las parejas discutan esta sección antes de retirarse. Si no, ínstelos a que inmediatamente después de la reunión consideren el paso a dar durante las próximas dos semanas. Pida que cada pareja se agrupe con otra para hacerse mutuamente responsables de llevar a cabo dicha acción.

5. **Concluyan con oración**: Haga que cada pareja se agrupe con aquella con la que estará en contacto durante la semana para orar unos por otros. Anímelos a orar pidiendo fuerzas para poder cumplir los pasos que han decidido dar y también a dedicar tiempo a interceder por peticiones individuales.

Después de la reunión

1. **Evalúe**.
2. **Aliente.** Durante la semana, llame a cada pareja y pregúntele si ha completado la tarea y si se ha comunicado con sus compañeros de responsabilidad.
3. **Equípese.** Complete el estudio bíblico.
4. **Ore.** Prepárese en oración para la próxima reunión, orando por cada pareja y por su propia preparación. Cualquiera sea su necesidad, pídasela a Dios. ¡Él responderá!

Sesión cuatro | Vivir según el plan maestro

Antes de la reunión

1. Reúnase con su cónyuge y repasen juntos la forma en que se han estudiado el uno al otro. Hablen de lo que les haya resultado difícil y de lo que han aprendido.

2. Tome contacto con los miembros del grupo durante la semana por medio de un llamado o un correo electrónico.

3. Reúna lápices o bolígrafos y Biblias para utilizar durante la reunión.

4. Haga fotocopias de la hoja de evaluación (vea la *Guía para el ministerio de matrimonios de Enfoque a la Familia,* en la sección de "Formularios fotocopiables").

5. Haga fotocopias del formulario de oración o suministre fichas de 3x5 pulgadas para registrar los pedidos. Traiga su diario o cuaderno de oración y haga un repaso de cómo ha estado orando durante la semana. A medida que llegan los integrantes, puede hacer una verificación informal.

6. Complete el estudio usted mismo durante la semana. Lea sus propias respuestas a las preguntas, marcando las que desea que se debatan en el grupo. En tanto se prepara, pida que Dios guíe la discusión.

7. Prepare papelitos con las citas bíblicas de los versículos que usted querrá que sean leídos en voz alta durante las sesiones. Una vez más, sea sensible a los que prefieren no leer en voz alta.

8. Lea Juan 13-17 para entender el sentido del pasaje completo.

9. Prepárese para servir a las parejas algunas de sus frutas favoritas como refrigerio, disfrutando de estar juntos.

Rompehielos

1. Invite a los miembros a compartir una experiencia con la jardinería, y especialmente el cultivo de frutas o vegetales. En tanto comparten sus experiencias, piense la manera en que algunas de ellas podrían contribuir a ilustrar el texto que se verá más adelante durante el estudio.

2. **Opción 1**: Invite a los miembros a compartir un consejo que recuerden de la consejería prematrimonial. Si no asistieron a dichas sesiones, pida

guía de discusión para el líder 71

que compartan algún consejo que un amigo o familiar les haya dado respecto al matrimonio.

3. **Opción 2**: Invite a cada uno a compartir una cosa que haya aprendido acerca de su cónyuge durante la semana anterior (con el permiso de su cónyuge).

3. Antes de comenzar, asegúrese de orar pidiendo la guía y la gracia de Dios a lo largo del estudio.

Discusión

1. **Labrar la tierra**: Invite a algunos voluntarios a que compartan sus respuestas a las preguntas 1-5. Anime a cada uno a compartir al menos algo de la respuesta 1.

2. **Plantar la semilla**: Respondan a las preguntas 4 y 5 relativamente rápido. Pida que cada uno comparta una respuesta a las preguntas 6 y 7 para dar rienda suelta a la creatividad en preparación para el momento final del estudio. Cuando trabajen en las preguntas 8-13 de la sección "Dar fruto," sea consciente de que quizá los miembros tengan un conocimiento muy vago de esta obra del Espíritu Santo. Use tiempo para dar ilustraciones de las diferencias entre vivir en el Espíritu y seguir los deseos pecaminosos. Discuta el resto de las preguntas.

3. **Regar la esperanza**: Pida que cada uno se agrupe con su pareja para discutir las respuestas 17-20, animándolos a compartir con todo al grupo una cosa que hayan aprendido de este ejercicio. No los presione a hacerlo si los hace sentir incómodos, sino aliéntelos a compartir mostrándoles cómo usted mismo lo hace con su cónyuge.

4. **Cosechar el fruto**: Haga que cada pareja trabaje junta en la pregunta 21. Reúna nuevamente al grupo para hablar acerca de lo que han aprendido. Haga énfasis en el gozo que proviene de servir a Cristo y comparta alguna de sus experiencias.

   Invite a las parejas a continuar la relación de compañeros de responsabilidad con alguna otra pareja del grupo.

5. **Concluyan con oración**: Use este tiempo para llevar al grupo a una conclusión. Oren juntos y pida que las parejas oren específicamente por otras parejas, para que crezcan en su relación con Cristo. Después de la oración, dedique tiempo a conversar acerca de lo que van a hacer para crecer en la relación que han establecido unos con otros. Quizá deseen formar un círculo y tomarse de las manos para finalizar con una canción de alabanza.

Después de la reunión

1. **Evalúe**. Distribuya las *hojas de evaluación* para que cada integrante se lo lleve a su casa. Comparta la importancia de la retroalimentación, y solicite a los miembros que inviertan tiempo esta semana para escribir su informe de evaluación de las reuniones grupales y que se lo entreguen a usted.
2. Llame a cada pareja durante la semana venidera, e invítela a asistir al próximo estudio de la *Serie sobre el matrimonio de Enfoque a la Familia*.

Nota
1. Al Janssen, *The Marriage Masterpiece* (Wheaton, IL: Tyndale House Publishers, 2001).

ENFOQUE A LA FAMILIA®

¡Bienvenido a la Familia!

Oramos con esperanza para que al participar de esta *Serie sobre el matrimonio de Enfoque a la Familia*, Dios le conceda un entendimiento más profundo del plan que Él tiene para su matrimonio y que fortalezca su relación de pareja.

Esta serie es uno de los muchos recursos útiles, esclarecedores y alentadores que produce Enfoque a la Familia. De hecho, de eso se ocupa Enfoque a la Familia: de informar, inspirar y aconsejar con fundamento bíblico a personas que se hallan en cualquiera de las etapas de la vida.

Todo comenzó en 1977 con la visión de un hombre, el Dr. James Dobson, un psicólogo y autor de 18 éxitos de librería acerca del matrimonio, la crianza de los hijos y la familia. Alarmado por las presiones sociales, políticas y económicas que ponían en peligro la existencia de la familia americana, el Dr. Dobson fundó Enfoque a la Familia con sólo un empleado y un programa radial semanal que transmitían solamente 36 radioemisoras.

Ahora es una organización internacional dedicada a preservar los valores judeo-cristianos y a fortalecer y alentar a las familias por medio del mensaje transformador de Jesucristo. Los ministerios de Enfoque a la Familia llegan a familias de todo el mundo a través de 10 diferentes programas de radio, 2 programas de televisión, 13 publicaciones, 18 sitios web, y una serie de libros, películas y videos premiados dirigidos a personas de todas las edades e intereses.

¡Nos gustaría recibir noticias suyas!

Para recibir más información sobre el ministerio, o si podemos ser de ayuda para su familia, simplemente escriba a Enfoque a la Familia, Colorado Springs, CO 80995 o llame al 1-800-A-FAMILY (1-800-232-6459). Los amigos en Canadá pueden escribir a Enfoque a la Familia, P.O. Box 9800, Stn. Terminal, Vancouver. B.C. V6B-4G3 o llamar al 1-800-661-9800. Visite nuestra página web —www.family.org— para aprender más acerca de Enfoque a la Familia o para ver si hay una oficina asociada en su país.

Fortalezca la iglesia
¡Fortalezca los matrimonios!

Con la Serie para matrimonios de Enfoque a la Familia®

Adquiérala ahora en su librería
más cercana o llame a su representante de ventas

1-800-987-8432 * (407) 333-7117   Fax (407) 333-7147

www.casacreacion.com